David Quadri

PALETTE POÉTIQUE

Recueil de poèmes

À mes proches,
À mes soutiens.

© David Quadri – Palette poétique, 2022.
Tous droits de traduction, de reproduction et d'adaptation réservés pour tous pays. Aucune partie de ce livre ne peut être reproduite ou transmise sous aucune forme ou par quelques moyens électroniques que ce soit, par photocopie, enregistrement ou par quelque forme d'entreposage d'information ou système de recouvrement, sans la permission écrite de l'auteur.

Couverture : © N.F
Illustrations : libres de droit du site pixabay.com

http://davidquadri.over-blog.com/

Édition : BoD – Books on Demand, info@bod.fr
Impression : BoD – Books on Demand, In de Tarpen 42, Norderstedt (Allemagne)
Impression à la demande
ISBN : 978-2-3224-1077-4
Dépôt légal : Août 2022

**Entre rouge intense de l'amour
et
orange extrême de l'exaltation**

À CÔTÉ DE TOI

À côté de toi
Rien ne semble impossible
Tout est si paisible
Nous sommes indivisibles.

À côté de toi
Rien n'est jamais courant
Nous n'appréhendons pas le temps
Nous jouons comme des enfants.

À côté de toi
Tout n'est que sourire
Le futur en point de mire
Nous sommes en train de l'écrire.

À côté de toi
Toujours vivre ces instants
Fusionner à tout moment
Tout n'est qu'enivrement.

À côté de toi
Un avenir serein
Effleurer la courbe de tes reins
Sans oublier tes seins.

À côté de toi
Plus question de vieillir
Mais de parler d'avenir
Et nous unir.

À côté de toi tant et tant recevoir
À côté de toi tant et tant d'espoirs
À côté de toi tant et tant d'émotions
À côté de toi tant et tant de passion.

AVEC COURTOISIE

Si long fut ce temps
Sans percevoir ton image
Le supplice d'une absence
Pire qu'un bizutage.

J'entends tes pas
Je n'ose me retourner
Je ne veux pas être un voyou
ta main frôle ma joue.

Inhalant ton parfum
Je ne sais plus me contrôler
Enivré le souffle court
Tes lèvres gonflées
J'en ai des frissons
Mon corps se décompose
Tu es ma guérison.

Bien loin de notre détresse
Mon regard fixé sur tes fesses
J'attends ta permission
Pour nous emporter dans un tourbillon.

Mes jambes vacillent
Je m'assois dans le fauteuil
Tu te poses sur moi
Il n'y a plus d'écueil
Je ne peux résister à t'effeuiller,
à t'effeuiller avec courtoisie.

APPELLE-MOI

Je ne supporte plus ton indifférence
Pourtant je m'évertue à atténuer la distance.

Appelle-moi au moins une fois par mon prénom.
Je sais que j'ai commis des erreurs, je t'en demande pardon.

Ma vie n'a jamais été linéaire,
Elle ressemble à une rivière.

Parfois calme, souvent tortueuse,
Mais jamais somptueuse.

Je ne t'ai jamais abandonné,
Mes départs étaient forcés.

J'espère qu'au fond de toi, tu le sais,
Je n'ai que des torts et des regrets.

La douleur est encore plus immense, car tu as rejeté mon retour.
Pourtant, je n'ai souhaité que ce jour.

Depuis des mois je lutte pour obtenir un simple sourire.
Ton amertume est pire que mourir.

Aujourd'hui j'aimerais que tu baisses la garde,
Que tu m'ouvres ton cœur et que tu me regardes.
Je rêve tant de ce matin où tu me parleras de tes tracas,
Tout en me prenant dans tes bras.
Et pour qu'enfin je puisse marcher dans tes pas,
Appelle-moi pour toujours
Papa.

COMME AUTREFOIS

Trop longtemps sans tes faveurs,

Sans ton regard allumeur.

Je croyais avoir décroché,

Mais j'ai vite replongé.

Trop longtemps sans ta douceur,

Sans apprécier tes valeurs.

J'ai essayé de me raisonner,

Mais tu me fais tourbillonner.

Trop longtemps sans te dénuder,

Sans te dévorer.

Je ne cesse de te regarder,

Vas-tu enfin m'embrasser !

Trop longtemps privé de plaisir,

Sans deviner tes désirs.

Sous cette pluie diluvienne,

Redeviens mienne.

On ira dans les bois

Pour oublier nos effrois,

Et crier notre joie

Comme autrefois.

DÉVALER

Je suis entré dans ta vie
Grâce à un hasard du destin
C'était un vendredi
Le jour où j'ai osé poser ma main.

Tu as rougi puis tu es partie
Pressée par tes obligations
Je t'ai regardé, tout ébloui
J'ai lu dans ton regard une émotion.

Alors j'ai dévalé la paroi
Sans peur, sans désarroi.
Je voulais atteindre tes bras
Je ne contrôlais plus mes pas.

J'étais pressé de connaître la suite
Je me suis lancé à ta poursuivre
Afin de te ranger dans mon écrin
Pour vivre notre amour adultérin.

Tu as fini par succomber
Mais tout n'était pas réglé.

Nous ne dure qu'un instant
Le soir venu tu repars chez toi
Tu retrouves foyer et enfants
Et je me retrouve face à moi.

ÉTERNITÉ

Je glisserai mes doigts
Quand ton corps aura froid
Sans oublier de te regarder
Tout en te donnant la foi.

Je te prodiguerai avec attention
Tout l'amour dont tu as besoin
Pour que tu sois
Encore plus sûre de toi.

Devant ce massif fleuri
Nos vies se lient
Le temps des hésitations est aboli
Alors tu souris
Et tu prends ma main
Pour nous offrir une suite sans fin.

Allons nous balader
Près des baies sauvages
Pour nous noyer
Dans ce paysage.

Le souffle du vent nous caresse
Tout en tendresse
En nous indiquant
Le chemin séant.
Suivons ses indications
Sans les devancer

Avançons avec passion
Vers la paix.

Trois ans après
Trente ans après
Puis pour l'éternité.

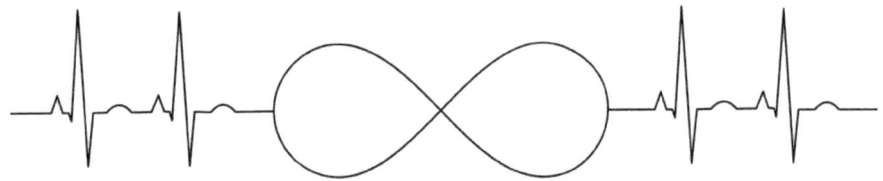

FEU NAISSANT

Les regards se cherchent.
Les lèvres se frôlent.
Les mots pèsent.
Les cœurs se serrent.

Empreints encore d'une timidité
Où se trouve la clé
Pour totalement se laisser porter
Vers un désir illimité.

La sensualité attisée
Par des braises animées.
Tout n'est que volupté,
Il est temps de céder.

Alors, les flammes surgissent,
Les âmes s'unissent,
Le feu se déploie,
Sur ces deux cœurs en émoi.

JOUISSANCE

Que ce soit sur un lit
Que ce soit sur un rocher
Je ne fais qu'y songer
Cela m'adoucit.

C'est si bon d'y goûter
Il n'y a pas d'interdit
Impossible de s'en passer
C'est si abouti.

Est née une relation exclusive
Mêlée à une sensation exquise
Il n'existe pas d'autre alternative
Tout se contractualise.

Aucun tabou
Avec une telle attirance
Aucun garde-fou
Tout se fait avec aisance.

Quand s'accélèrent les secousses
La fusion est radicale
S'ensuit une musique douce
Et une jouissance intégrale.

L'ESPACE

Il y a des mirages, il y a des miracles
Il y a nous
À la croisée des deux.

Quand le jour se lève ou la nuit se couche
On l'imagine
Le chemin.

Sauras-tu, saurais-je
Échanger nos boussoles
Étendre l'horizon.

Il y a des mirages, il y a des miracles
Il y a nous
À la croisée des deux.

L'envie, le doute, le cri
Entendras-tu
Pourrais-je.

Tu as incendié mon jardin, inondé mon cœur
Semé en pagaille
Des baies sauvages.

Il y a des mirages, il y a des miracles
Il y a cet espace
À la croisée des deux.

Le tien, le mien
Ce microclimat qui est un tout
Mine de rien.

Sauras-tu, saurais-je
Échanger nos boussoles
Étendre l'horizon.

PASSAGE

Derrière tes livres, j'aperçois ta silhouette.
Tu apparais tel un ruban de beauté.
Ta voix fait écho dans mon cœur.
Tu sembles être dans une tour en ivoire,
tu es insaisissable.
Tu virevoltes, tu tourbillonnes, tu brilles.
Et je suis là et non las de t'admirer.
Tu es tout ce que je veux.
J'écoute tout ce que tu dis.
Tu es tout ce que j'attends.
Je m'attendris en te regardant.
Tes livres semblent te protéger.
Ils obstruent le passage.
Je ne suis pas résigné.
J'observe et patiente pour trouver le moment.
C'est alors que j'entrevois un petit passage entre deux romans.
Ma main se glisse alors sur ton épaule.
Tu me fixes, interrogative et surprise.
Je mets mon doigt sur ma bouche puis sur la tienne.
Tu rougis, mais tu ne t'écartes pas.
Je recommence.
Tu souris.
J'enlève des livres.
Tu en fais de même.
Je ferme les yeux quand tes lèvres approchent les miennes.
Le temps s'arrête, la pile de romans tombe.
Tes bras m'enlacent.
Mon cœur balance.

PRÉDIRE

Toi et ta timidité
Moi et ma témérité
Toi et tes inquiétudes
Moi et mes certitudes.

Quand tu doutes
Je t'envoûte
Quand tu déroges
Je t'interroge.

Toi et ton esprit
Moi et ma magie
Toi et ta sollicitude
Moi et ma solitude.

Quand tu me regardes
Je souris
Quand tu me mets en garde
Je prédis Nous pour la vie.

SACHE QUE

Quelques fois un regard
Quelques fois des mots
Quand le jour se lève
Quand mes pensées s'empressent
Sache que tu es candeur.

Quelques fois rêveur
Quelques fois dans l'espoir
Quand le jour se lève
Quand mes pensées s'empressent
Sache que tu es bonheur.

Quelques fois lucide
Quelques fois ce fol espoir
Quand le jour se lève
Quand mes pensées s'empressent
Sache que tu es douceur.

Quelques fois ton image
Quelques fois un partage
Quand le jour se lève
Quand mes pensées s'empressent
Sache que tu es splendeur.

Quelques fois un désir
Quelques fois un soupir
Quand le jour se lève
Quand mes pensées s'empressent
Sache que tu es chaleur.

Quelques fois une étreinte
Quelques fois un baiser
Quand la nuit arrive
Quand mon cœur s'emballe
Sache que je …

SUIS-MOI

Je ne ferai pas le match de trop
J'ai tant donné
Aujourd'hui je suis épuisé
Il me faut du renouveau.

Écoute cette clameur
Ils me portent dans leur cœur
Ils sont tous en admiration
Mais je n'ai plus de motivation.

Je veux changer d'air
Ce réel besoin me libère
Viens avec moi
Découvrir d'autres endroits
Traversons la frontière
Sans jamais regarder en arrière.

Il nous faut changer d'oxygène
Après toutes ces années de pression
Avec toi ma sirène
Pas besoin de consultation
Aucune gêne
Tout n'est qu'émotion.

Après tous ces chemins parcourus
Je veux de l'imprévu
Plus aucune contrainte
Juste toi et moi dans l'étreinte.
Allons chercher l'eldorado,
Cet endroit sain

Main dans la main
Peau contre peau.

Une vie sans parasites
Où nos cœurs palpitent
Une vie sans modération
Où nos corps sont en fusion.

TON ODEUR

Je reconnais cette odeur,
Elle me guide.
Je reconnais cette odeur,
Elle me transforme.
Je reconnais cette odeur,
Elle m'accompagne.
Je reconnais cette odeur,
Elle me propose.
Je reconnais cette odeur,
Elle m'absorbe.
Je reconnais cette odeur,
Elle me rassure.
Je reconnais cette odeur,
Elle m'adoucit.
Je reconnais cette odeur,
Elle me désire.
Je reconnais cette odeur,
Elle me guérit.
Cette odeur, c'est la tienne.
Elle est ma respiration.
Cette odeur, c'est la tienne.
Elle est ma perfusion.
Cette odeur, c'est la tienne.
Elle est mon inspiration.
Cette odeur, c'est la tienne.
Elle est ma fascination.

TRANSFORMATION

Tu me changes tout en douceur.
Tu me transformes sans raideur.
Tu me sors des douleurs.

Tu parfumes ma vie de bonheur.
Tu m'inspires confiance.
Tu es toujours dans la résilience.
Tu m'apprends la patience.
Tu cultives ma science.

Tu es si captivante.
Tu es si enivrante.
Tu es si séduisante.
Tu es si prévenante.

Alors,

Je veux te remercier.
Je veux te magnifier.
Je veux t'émoustiller.
Je veux te faire vaciller.

S'UNIR

Chaque instant est une découverte
Jamais rassasié
Toujours intrigué
Je suis en alerte
Je t'admire habillée
Nue je te supplie
Je ne peux que te désirer
Je ne peux que t'aimer
Quand mes pensées s'illuminent
Ma sagesse n'est plus sous contrôle
Mon regard s'acoquine
Mon cœur s'envole
J'explore ton corps avec minutie
Je hume toutes ses parties
Pour qu'elles m'envahissent
Et nous unissent.

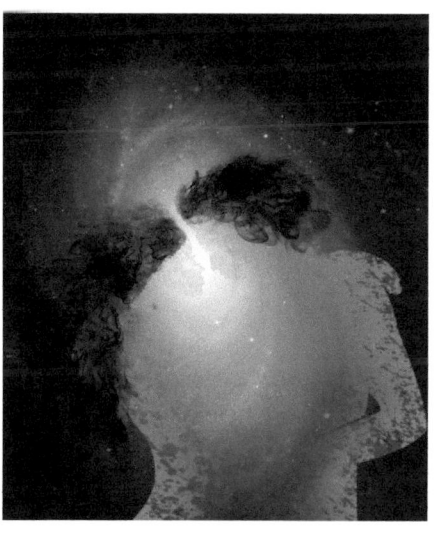

**Entre bleu puissant des océans
et
vert éclatant des forêts**

CYPRÈS

Ces derniers instants
Comme ces derniers moments
Me font penser à ce cyprès
Où tout a commencé.

Il y a bien longtemps
Je revois cet enfant
Qui rêvait si grand
De ce monde si fascinant.

Puis les années passent
Le rêve se tasse
La vie se poursuit
Le visage vieillit.

Alors c'est la stupeur devant le miroir
Les larmes précèdent le désespoir
Pas de jeunesse éternelle
Ni de faille temporelle.

Puis c'est autour du corps de lâcher aussi
Seul l'esprit survit
Le cyprès s'éloigne
Comme cette belle campagne.

Ces derniers instants
Comme ces derniers battements
Me font penser à mon arrivée
L'endroit où tout va recommencer.

DE LA GOUTTE À L'OCÉAN

Tout a commencé par une goutte.
Elle a jeté un galet à la mer.
Puis une seconde est arrivée.
La vague aspire tout sur son passage
La troisième n'a pas tardé.
Les pensées se noient dans le roulis.
Peu à peu, un ruisselet s'est formé.
L'écume emporte loin les rêves.
Il est vite devenu un ruisseau.
Les espoirs salés frétillent au soleil de plomb.
Le lit est étroit, il déborde et devient fleuve.
Elle tourna le dos au vent marin.
Il fondit dans l'Océan.

DOUCEUR

La neige fond dans les rues
Le soleil illumine l'avenue
Encore une après-midi tiède
Où je serai solitaire.

Bruit du dehors résonne
Chanson d'amour fredonne
Je jette des cailloux à l'eau
Au loin j'aperçois des canots
Ils naviguent, s'étirent
Et disparaissent sans un mot.

Douceur, envahis mon cœur
Aigreur, sors de mon âme
Douceur, envahis mon cœur
Aigreur, sors de mon âme.

Sous les fenêtres et les réverbères
Les fleurs dominent le paysage
Hypnotisé, fasciné
Je m'abandonne à cette beauté.

La journée s'achève
Le soleil fait une trêve
Mon cœur est séduit
Dehors seul le silence de la nuit.

Douceur, envahis mon cœur
Aigreur, sors de mon âme
Douceur, envahis mon cœur
Aigreur, sors de mon âme.

Je suis pensionnaire
De ce monde imaginaire
De ce bonheur chimérique,
Quel endroit féerique !

ÉCHAPPÉE

Sur un tapis moussu, les pas se posent
Dans l'atmosphère moite et feutrée de la forêt, elle avance
Les lianes s'enchevêtrent sur son passage
S'accrochent à sa chevelure désinvolte et libre
Peu importe où vont les oiseaux
Peu importe, où ils se posent
Il y a toujours ce coin, ce port d'attache
Quelque part inespéré.

Dans les allées d'arbres centenaires, les ronciers retiennent
Au-dessus des têtes, des percées de lumière tracent au sol le chemin
Rayons de pluie lumineuse sur ses épaules fonceuses
Poussières d'étoiles végétales sur son visage
Peu importe, où cela la mène
Peu importe les jours et les nuits d'errance
Il y a toujours la vie
Quelque minuscule part à sauver.

Où cours-tu, Princesse, te réfugier ?
Qui es-tu pour braver cette forêt immense ?
L'écho des mots que tu chantonnes pour te donner ce courage
Résonne dans l'ombre des grands chênes
Et tous les êtres les peuplant se taisent pour ne pas t'effrayer
Il y a cette voie lactée qui te guide
Et le cri nocturne du grand maître pour te veiller
À chaque avancée, c'est une nouvelle percée.

Ce n'est pas un monde enchanté que tu traverses
À l'horizon une clairière dessinée dans tes rêves
Mirage, trouble de la pensée ou réalité

Rien ne te fera déroger au danger
Peu importe où vont les oiseaux
Peu importe, où ils se posent
Il y a toujours ce coin, ce port d'attache
Quelque part inespéré.

ET LES RIVIÈRES...

Tu arrives de nulle part
Tu t'étires sans crier gare
Admiré des regards
Tu t'imposes comme une star

Tu continues ton avancée
Vers des paysages enchantés
Au loin il y a des vaches mouillées
Des fleurs sauvages dans les prés

Et les rivières, les rivières se moquent des frontières,
Elles se moquent, elles se moquent des frontières
Et les rivières...

Même si tu peux déborder
Et nous faire pleurer
Tu fascines l'humanité
Ta devise, c'est Liberté !

Tu es partout sur Terre
Abrite tant de mystères
Tu es à la fois père et mère
Tu es si prospère
Et les rivières, les rivières se moquent des frontières,
Elles se moquent, elles se moquent des frontières
Et les rivières...

D'humeur capricieuse
Impossible de te contrôler
D'humeur malicieuse

Impossible de te déplacer
D'humeur silencieuse
Impossible de te perturber

Et les rivières, les rivières se moquent des frontières,
Elles se moquent, elles se moquent des frontières,
Et les rivières…

FONTAINE DE JOUVENCE

Dans l'eau limpide,
Je vois mon reflet
Qui a fait un long voyage.
Il devient insipide
Mauvais présage
D'un début de gribouillage.

J'implore la fontaine de Jouvence,
Va-t-elle être de connivence ?
J'ai tant besoin de sa bienveillance,
Elle me renvoie sa méfiance.

Je ne suis qu'un leurre, me dit-elle.
Ton visage aura beau être éternel
Ton âme est égarée,
Tu seras un mirage.
Fais preuve de courage
Et accepte tes traits tirés.

Dans l'eau limpide,
Je vois mon reflet
Il apparaît plus fluide
Mon âme est en paix.

LA MER

Au matin clair
Le long de la grève
J'irai voir la mer.

En humant l'iode
Je me transporterai
Loin de ce monde.

Elle me murmurera
De me rapprocher
Pour lui confier mes secrets.

Mais une légère brise me détournera
Pour m'indiquer le soleil
Sortant de son sommeil.

Il se déposera sur moi
Pour me redonner l'éclat
La certitude me gagnera.

Se sentant concurrencée
La mer se jettera à mes pieds
Pour me faire frissonner.

LE MERLE

Posé sur une branche, un merle compose.
Soudain il stoppe sa prose
Même pas le temps d'une pause
Car il aperçoit au sol une petite chose
Qui se propose
Alors il plonge tel un virtuose
Et son bec tient l'apothéose !

RENOUVEAU

Après la rudesse de l'hiver
Et ses gelées dévastatrices
Le printemps arrive
En nous libérant de l'avarice.

Les jours rallongent
Les insectes grandissent
En butinant les fleurs
Et les feuilles reverdissent.

Au petit matin
Nous oublions tous nos tracas
La flamme resurgit
Même quand la pluie s'abat.

La vie rajeunit la nature
Les hirondelles sont de retour
L'hibernation se termine
Quand rejaillit l'amour.

Les femmes se déshabillent
L'homme perd la raison
il faut qu'il se montre habile
Pour faire le polisson.
Les corps enlacés
Sous le soleil bienfaiteur
Sonne le réveil
C'est la voie du bonheur.

Le printemps est révolution
Pour l'homme et la nature
Le printemps est renouveau
Pour l'homme et la nature.

**Entre blanc transparent
et noir profond
de la société**

ABSENCE

Une absence qui n'existait pas avant.
On peut créer des absences ? C'est fou, non ? Littéralement !
Oui l'absence est là,
Elle insiste,
Elle fait sa place et pourtant c'est une absence.
Elle se fait de plus en plus présente.
Elle parle et ne dit pourtant aucun mot.
Elle crie et ne fait pourtant aucun bruit.

Cette absence.
C'est ce silence qui est terrible.
Elle respire dans la nuit.
Elle est tapie sous le lit.
Elle nous suit nous poursuit,
Elle est devant,
Elle est derrière ,
Elle nous hante.
Elle est là. Elle est vivante.

Elle se nourrit des instants,
On la chérit, on la gâte,
On lui donne du chocolat.
On lui lit des poèmes,
On la caresse.
Elle vit à travers. On l'emporte partout avec soi.
Elle s'amuse de nous,
Elle profite de nos faiblesses.

C'est une belle absence vitale, un élixir.
Parce que demain elle s'effacera, elle nous appartiendra.
Sans absence, pas de présence.

Quand elle disparaît, on prend un risque.
Celui d'être trop là.
Quand on est trop là, on ne s'invente plus, on ne se rêve plus.
Il faut un peu la protéger,

L'absence.

AUTOUR DE MOI

Quand le bruit du vent m'éveilla
La défaite était passée par là
La réalité était terrible
J'avais sauté comme un fusible.

L'ennemi est parti sans un regard
L'ennemi est parti sans égard
L'ennemi est parti sans un mot
C'était pire que Waterloo.

Tout me glissait entre les doigts
J'étais aux abois
boitant et hésitant
seul comme un mécréant.

Et autour de moi, tout autour de moi
Ils m'observaient, m'épiaient comme un damné condamné à errer.

Repensant à cette histoire
J'aurais voulu connaître la victoire
J'avais tant de problèmes
Que ma peau en devint toute blême
J'ai essayé de reprendre le dessus
Mais tout était déjà perdu
J'étais le roi déchu
Le roi dépourvu.
Et autour de moi, tout autour de moi
Ils me jugeaient, me réprimaient comme un damné condamné à errer.

En regardant au loin
J'aperçus mes assassins
Je remis mon drap
Je n'avais plus aucun choix.

Mon destin était scellé
Ma vie était terminée.
Puisqu'autour de moi, tout autour de moi
Ils me rejetaient, me reniaient comme un damné condamné à errer.

CONSÉCRATION

Ce monde est abasourdi,
Par leurs pensées d'ahuris.
C'est la triste réalité,
Dans laquelle ils t'ont plongé.

Ils t'ont bien fait rêver,
Ils t'ont accaparé,
Par leurs promesses électorales,
Maintenant tu crèves la dalle.

L'agressivité est dans la rue,
Les villes sont dépourvues,
Les communautés opprimées,
Les lendemains infestés.

Tu l'as cherché par ton goût pour l'obscurité,
C'est la consécration de ta stupidité.

Ce qu'ils considèrent comme de l'art,
C'est le retour des chars.
Embrigadé par leurs idées,
Tu es coincé.

Tu leur as donné les armes
Et en retour tu as les larmes.
La nation est emprisonnée,
Les libertés fustigées.
Tu as préféré faire le mouton,
Oh oui ! Maître vénéré, nous t'adorons.
C'était si simple et si rassurant,
Enivre-nous avec tes slogans !

Tu l'as cherché par ton goût pour l'obscurité,
C'est la consécration de ta stupidité.
Jusqu'à quand vas-tu supporter ces humiliations ?

Ouvre la voie de la contestation,
Fais fonctionner ton cerveau,
Exprime le fond de ta pensée avec des mots,
À moins que tu ne continues à t'abaisser
Devant l'horreur que tu as intronisée.

Tu l'as cherché par ton goût pour l'obscurité,
C'est la consécration de ta stupidité.

ENVOL

Dans la tiédeur printanière
Elle ôte ses doutes
Décide de prendre la route
En délaissant sa vie routinière.

Elle enlève ce voile de leurre
Se débarrasse de ses peurs
Elle se sent apaisée
Presque libérée.

La soudaineté de ce départ
Lui coupe le souffle
Plus de reproche de retard
Elle s'envole avec son écoufle.

Son passé soldé
C'est aussi fort que compliqué
C'est d'une telle intensité
Hiroshima est dépassée.

Du lever au coucher
Elle ne cessait de clamer liberté
Terminées les sommations
Elle ne sera plus Cendrillon.

LA FIN

La nuit est noire,
Le ciel est bleu,
Je crie au désespoir,
J'implore les dieux.
Ma tête bourdonne,
J'ai foutu ma vie en l'air,
J'ai foutu ma vie en l'air,
Je me perds.

Même ton sourire ne peut plus rien,
Tu me regardes en vain.
Déception, agitation,
Je suis victime d'une machination.
Je ne suis plus fier,
Il n'y a plus rien à faire,
C'est la fin, la fin.

Je ne veux plus rien,
Je n'ai plus peur,
J'ai tant créé de malheurs,
J'attends seulement la fin.

Mon passé resurgit à la lumière
Des petits cris,
Des sombres affaires,
Je suis maudit.
Alors pour une fois, lâche-moi,
Je veux regarder devant moi,
En oubliant tous ces effrois.

Quand je regarde mes mains,
Le sang de mes victimes revint
comme toute ma honte.

L'odeur de la mort m'envahit,
De ces corps entassés
Que j'ai endormi.

Ne reste pas là, à me regarder ainsi,
Je t'assure, c'est fini.
J'espère que tu as bien compris,
Il n'y aura plus aucun délit.

La nuit est noire,
Le ciel est bleu,
Je crie au désespoir,
J'implore les dieux.
Je ne veux plus rien,
J'attends ma fin.

LE PEINTRE

Incertain, hésitant.
Quelle couleur ?
C'est si éreintant,
surtout pas d'erreur.

Un dégradé est-il vraiment nécessaire ?
En cette commande se forme un ulcère.
Il ferme les yeux pour créer,
quand il les rouvre rien n'a changé.

A-t-il encore un peu de magie en lui ?
Il saisit son pinceau en imaginant l'abbaye.
Il le repose immédiatement.
Le doute s'installe plus intensément.

Son cœur s'accélère,
il a besoin d'air.
Il envisage le pire,
seul sort un soupir.

Son corps vacille.
Son visage se fige.
Sa main oscille.
Fin du prestige.

Il referme les yeux replongeant dans ses souvenirs.
Il se voit jaillir
en se prenant pour Raphaël,
tout devient irréel.

Il saisit son pinceau
plus d'abbaye mais Chenonceaux,
Les couleurs se succèdent, la magie opère
il va égaler ses pairs.

MISÉRABLE EFFRONTÉ

Ô misérable effronté,
Tu ne sais même pas revendiquer,
Tu as tant subi pendant des décennies,
Qu'aujourd'hui tu es fini.

Tu n'es jamais allé voter,
Tu préférais pieuter,
En cours tu rigolais,
Ou tu me défiais.

Ce qui te faisait frémir,
C'était de sortir,
D'immobiliser,
Ne jamais te mouiller.

Je ne te plains pas,
Je t'avais dit d'écouter.
Je ne t'aiderai pas,
Je t'avais conseillé,
Tu m'as ri au nez.

J'ai cherché à éveiller tes connaissances,
Pour qu'un jour tu les transmettes à ta descendance.
Tu la plonges dans la déchéance,
À cause de ton ignorance.

Au lieu d'apprendre l'histoire et ses enjeux,
Tu voulais savoir qui sortait du jeu.
Tu confonds Londres et Washington,
Tu ignores les découvertes de Newton.

Tu disais qu'il suffisait de quémander,
Car tout tombait dans cette société d'assistés.
Mais ce filon est englouti,
Tu sembles fini.

À présent, tu es dans la rue,
Totalement dépourvu,
Avec ton écriteau,
Tu demandes des euros,
Tu regrettes tes œillères,
Plus le temps pour les manières.

Je ne te plains pas,
Je t'avais dit d'écouter.
Je ne t'aiderai pas,
Je t'avais conseillé,
Tu m'as ri au nez.

NAUFRAGÉ

Nous allions nous échouer assurément.
Notre navire n'avait pu apercevoir cette île malheureusement.
Elle était figée au milieu de nulle part.
Ce n'était pas ce dont nous avions rêvé lors de notre départ.

Le choc fut terrible, certains perdirent la vie.
Quant aux survivants, il se mirent en ordre de marche pour leur survie.
Les plus riches s'installèrent dans les canots de sauvetage et partirent sans mot dire.
Les plus pauvres, nous récupérions ce qui remontait de l'épave à la surface, nous devenions des martyrs.

Pendant une décennie, nous avons attendu les secours.
L'espoir nous guidait tous les jours.
Pourtant, le nombre de survivants tombait chaque année.
Rester en vie était un travail acharné.

Cette île nous tenait en cage, nous étions pris comme des rats.
Nous n'étions plus que sept quand le miracle arriva.
Quand je suis rentré chez moi, je suis allé retrouver ma bien-aimée.
Mais après tout ce temps, elle m'avait oublié.
Je me suis alors précipité chez mes parents.
Rien n'était comme avant.
Ils avaient disparu comme mes illusions.
J'ai demandé l'absolution.

NOUVELLE VIE

Une lucidité salutaire
Sans morosité
Sans gâcher la liberté
Mais très terre à terre.

Des idées énoncées
Pour créer un univers
Et non un turn-over
De sentiments réchauffés.

Forger ses propres croyances,
Ni religion ni science
Se battre pour l'espérance
Avec une tête bien pensante.

Connaître à l'avance
Comme une évidence
Ses partisans avec leur bienveillance
Qui saura apporter de la puissance.

Réveiller sa motivation
Afin de renforcer sa décision
Et se poser les bonnes questions
Pour partir sans effusion.

Tout doit être naturel,
Fait d'un air pur
C'est difficile, mais pas mortel.
Lequel est le plus dur ?
Se sacrifier ou s'échapper ?

Se morfondre ou se délivrer?
Se priver ou s'émanciper ?
Se ronger ou rêver ?

Une fois le diagnostic établi
Le déclic est proche
La culpabilité ensevelie
Et la nouvelle vie en approche.

Alors l'état d'esprit changera
Le succès se dessinera
Il sera temps d'écrire le prochain chapitre
Avec son libre arbitre
En laissant derrière les contraintes et les différentes plaintes.
Le soulagement arrivera,
Sans que le passé soit bafoué.
Il effacera toutes les frustrations ancrées,
Pour une nouvelle vie d'apaisement,
Et d'accomplissement.

PAUVRE CATIN

Des vêtements sur le parquet,
Un lit défait, des draps tachés,
Il lui sourit d'un air narquois,
Pensant à la prochaine fois.

Elle regarde défiler sa vie,
Elle réfléchit à son agonie,
Elle rêve du prince charmant,
L'enlevant, chevauchant.

Pas un moment de répit,
Déjà un nouvel arrivant,
Il est tout introverti,
C'est un débutant.
Elle semble lui demander de l'emmener,
Trop tard il s'est barré.

Pas un moment de répit,
C'est le politicien,
Plus affamé qu'un chien,
Elle est démunie,
Mais elle n'a pas le choix,
Elle porte sa croix.

Un courant d'air la caresse,
Son cœur chavire de bonheur,
C'est beau la liberté,
Elle en oublie sa douleur.
Elle aimerait retrouver le sanguinaire,
Qui l'a plongé dans cet enfer,

Elle ne veut plus être une traînée,
Elle veut retrouver sa dignité.

Des vêtements sur le parquet,
Un lit défait des draps tachés,
Trois heures le dernier parti,
Elle sourit.
Son calvaire est terminé,
Seulement pour la soirée.

QUI VA RESTER ?

À ma gauche une usine,
À ma droite une forêt.
À ma gauche la survie
À ma droite la vie,
À ma gauche la souffrance,
À ma droite l'espérance,
À ma gauche la suie,
À ma droite les gazouillis,
À ma gauche le bruit,
À ma droite le fruit,
À ma gauche la routine,
À ma droite la dopamine,
À ma gauche la tristesse,
À ma droite l'allégresse,
À ma gauche des robots,
À ma droite des moineaux.

Le temps passe,
L'usine menace,
L'Homme se voile la face,
La forêt s'efface.

À ma gauche une usine,
À ma droite une forêt.

Qui va rester ?

RAISON OU PASSION ?

Je me décline sous le nom de raison
Je me nomme passion

Je suis inébranlable
Je suis incontrôlable

J'aime me maintenir
J'aime me divertir

J'ai besoin de repères
J'ai besoin qu'elle me libère

Je vis sur mes acquis
Je vis pour être conquis

J'évoque mes ennuis
J'évoque mes folies

Je ne suis pas totalement moi
Je suis toujours en émoi

J'aime la maîtrise
J'aime la surprise

J'ai besoin de sécurité
J'ai besoin d'immensité

Je vis confiné
Je vis libéré

J'évoque mes peurs
J'évoque son odeur

Raison ou passion
telle est la question ?

Mais non, concilions…

RÊVERIE

Sur tous les fronts,
Par tous les temps,
J'écrirais tout ce qui me tient.

Ma plume est de bonne compagnie,
D'un conseil précieux.
Rien ne vient par hasard,
Rien ne se passe sans fracas.

Nos choix, nos décisions sont liés
À nos croyances, ancrages et parents.
Je fais alors tourner les pages du passé,
Du chagrin, du bonheur, une destinée.

Une page s'envole,
Un livre peut s'écrire
Ou simplement un brouillon sans avenir.

Tout cela est si fragile,
Tout cela est si perfectible,
Un seul fil nous maintient
En équilibre.

Le regard porté vers l'avenir,
Malgré l'âge qui avance
Et la couleur qui change,
J'imagine un autre monde,
Magie, féerie, rêverie.

SURTOUT PAS D'UN HOMME

Assise sur un banc,
Seule dans le froid,
Livrée à elle-même,
Elle attend.

Perdue dans ce jardin,
Au milieu de la neige,
Pour compagnie les oiseaux,
Elle patiente.

Le regard levé vers le ciel,
Elle s'imagine l'univers,
Si immense et si vide
Elle se met à penser.

Elle n'a besoin de personne,
Surtout pas d'un homme,
Elle s'en sortira seule.

Complètement gelée,
Par ce froid glacial,
Sans savoir où aller,
Elle se lève.

La violence du vent
Ne l'arrête pas,
Elle continue à marcher,
Elle va de l'avant.
Elle n'a pas peur de la rue,
Elle peut mourir de faim,

On peut même lui cracher dessus,
Elle a tant de vertus.

Non, ce n'est pas elle, la victime
Non, elle ne baissera pas les bras,
Même si sa chance est infime.

Elle n'a besoin de personne,
Surtout pas d'un homme.

SYSTÈMES

C'est un système
Un système d'exploitation
Où nous sommes dévalorisés
C'est un système
Un système de pilotage
Où nous sommes dirigés
C'est un système
Un système d'information
Où nous sommes épiés
C'est un système
Un système mondialisé
Où nous devons consommer.

C'est un système
Un système d'exploitation
Où nous sommes aliénés
C'est un système
Un système de pilotage
Où nous sommes orientés
C'est un système
Un système d'information
Où nous sommes tracés
C'est un système
Un système monétaire
Où nous devons dépenser.

C'est un système
Un système d'exploitation
Où nous devons produire davantage

C'est un système
Un système de pilotage
Où nous sommes des péages
C'est un système
Un système de surveillance
Où nous sommes traqués
C'est un système
Un système organisé
Qui va nous dévaster.

UNE PLANÈTE, DEUX MONDES

Deux cœurs solitaires,
À l'autre bout de la Terre.
Le premier s'enrichit,
Le second se plie.

Ils sont solitaires,
Mais pas solidaires.
Le premier détruit,
Le second survit.

Deux cœurs solitaires,
À l'autre bout de la Terre.
Le premier ignore sa mère,
Le second supplie son père.

Ils sont solitaires,
Mais pas solidaires.
Le premier a droit à la liberté.
Le second à une facture augmentée.

Deux cœurs solitaires,
À l'autre bout de la Terre.
Le premier crée la misère,
Le second devient poussière.

Fraternité oubliée,
Égalité envolée.
Une Terre divisée,
Une planète endeuillée.

VACARME

Quel boucan ! Quel bordel !
Ce vacarme est obsessionnel,
Mon crâne dévasté,
Mes bras figés.
Y a tout qui couine,
Et rien qui va,
Dans les bureaux, l'effondrement,
Sur les machines, des grincements.

Je suis assommé,
Mes oreilles paralysées,
Ma vie irradiée,
Je vais exploser.
Y a tout qui couine,
Et rien qui va,
Du sol au plafond, des tremblements
Du dehors au-dedans, des hurlements.

Je ne veux plus supporter
Cette putain de réalité,
Pas besoin de me saouler,
Je veux juste que l'on me foute la paix.
Y a tout qui couine,
Et rien qui va,
Dans les bâtiments une véritable cohue,
Il ne m'est plus possible de tolérer ce chahut.
Je ne veux plus m'effondrer
Pour trois euros à gagner,
Dans cette ambiance délétère,
Le mal prolifère.
Mon âme s'exaspère,

Heureusement la sirène me libère,
À présent je vais m'évader,
Le regard tourné vers les sommets.

Du sol au plafond, des tremblements
Du dehors au-dedans, des hurlements
Dans les bureaux, c'est l'effondrement.

VILGE

Tu écoutes le chant des oiseaux avec enchantement.
La neige tombe lentement.
Le soleil illumine langoureusement
Toute cette nature que tu admires secrètement.

Perché sur tes hauteurs
Pour t'atteindre en moins d'une demi-heure
Il faut cheminer de route en lacet.
Enfin, nous entendons tes cloches sonner.

Tu es né de la sueur de tes premiers enfants,
De leurs bras tu as surgi,
Certains y ont même laissé la vie.

Tu caches tant de mystères
Précieusement dissimulés entre tes pierres.
Hier, tu as souffert d'affrontements
Aujourd'hui, le départ de tes enfants.

Ils partent sous d'autres cieux
En espérant trouver mieux.
Quant aux fidèles, ils luttent pour te préserver
Afin de t'élever à la postérité.

La nuit, tu te figes sous le ciel étoilé.
Tu rêves de tes plus belles années,
En espérant conserver ta singularité.

TABLE

Entre rouge intense de l'amour et orange extrême de l'exaltation 3

Entre bleu puissant des océans et vert éclatant des forêts ……….. 26

Entre blanc transparent et noir profond de la société …………. 40

OUVRAGES DU MÊME AUTEUR

Éditions Autres-Talents

Je t'ai trouvé (trois nouvelles fantastiques)
Tribulations dans un lycée (pièce de théâtre comique)

http://davidquadri.over-blog.com/